Teatime

AUTOR: REINHARDT HESS | FOTOS: WOLFGANG SCHARDT

Praxistipps

Extra

Rezepte

Blätter für Aufgeweckte

Tee ist ein Getränk mit Kultcharakter, das sich jeder leisten kann. Aber kaum jemand denkt noch daran, dass der amerikanische Freiheitskampf mit einer »Tea Party« begann.

Wer vor den Regalen eines Teegeschäfts steht, mag sich wundern, wie es so viele verschiedene Sorten geben kann. Dabei sind es die Blätter einer einzigen Pflanze, botanisch Camellia, die je nach Herkunft und weiterer Behandlung mal als grüner, mal als schwarzer, auch weißer oder gelber Tee auftreten. Der Teestrauch, ein Verwandter der Kamelie, wächst in tropischen und subtropischen Gebieten bis in Höhen von über 2000 Metern. Aus zwei Ursorten, der chinesischen und der Assam-Teepflanze, entstanden viele Arten, die sich durch ihre Widerstandsfähigkeit, ihren Wuchs und ihren Geschmack unterscheiden.

Aber nicht nur die Art, auch der Boden, auf denen die Pflanzen wachsen, die Höhenlage, der Witterungsverlauf und der Erntezeitpunkt bestimmen die Feinheit des fertigen Tees. In höheren, kühleren Bergregionen wachsen die Teepflanzen langsamer, dabei entwickeln die Blätter ein eleganteres Aroma. Doch nur wenn die Blattspitze mit zwei nachfolgenden Blättern, »two leaves and a bud«, zum richtigen Zeitpunkt geerntet wird, erhält man die beste Qualität. Die Ernte der hochwertigsten Teesorten geschieht heute noch von Hand. Dies erfordert viel Fingerspitzengefühl, deswegen sieht man vor allem Frauen bei der Ernte. Das grüne Blattwerk muss dann möglichst schnell in die Teefabrik gebracht werden, wo ihm rasch die Feuchtigkeit entzogen wird. Ist das Blatt welk und weich, wird es in großen Maschinen gerollt, damit die Blattzellen aufbrechen und der Zellsaft austreten kann. Damit beginnt eine Fermentation, durch die erst der Duft und das Aroma des schwarzen Tees entstehen. Während dieses Gärungsprozesses verfärbt sich das grüne Blatt und wird kupferrot. Von diesem Prozess hängt wesentlich die Qualität des fertigen Tees ab.

Für grünen Tee, wie er vor allem in China und in Japan geschätzt wird, werden die Teeblätter sofort nach der Ernte mit Hitze behandelt, um die Enzyme in den Blättern unwirksam zu machen und die Fermentation, die Rotfärbung zu verhindern. In China geschieht dies durch Rösten in mit Holz beheizten Pfannen, in Japan durch die Behandlung mit heißem Dampf.

China, Indien und Ceylon, das heutige Sri Lanka, waren schon immer die wichtigsten Erzeugerländer von Tee aus der Camelliapflanze. Erst im 17. Jahrhundert eroberte das Getränk Europa und die Neue Welt, bis den Amerikanern die Steuern, die ihnen die englischen Kolonialherren für den Tee auferlegten, zu viel wurden und sie am 16. Dezember 1773 ganze Schiffsladungen ins Meer warfen. Diese »Boston Tea Party« genannte Protestaktion war der Anfang des Unabhängigkeitskrieges.

Neben den Camelliablättern werden auch andere Pflanzen für teeähnliche Aufgüsse verwendet, zum Beispiel Rooibos und Honeybush aus Südafrika, Mate-Tee aus Südamerika sowie Heilkräuter und getrocknete Früchte für Kräuter- und Früchtetees.

Was zum Teekochen gehört

Die Teekanne Sie wird nur für Tee verwendet, nie mit Spülmittel gesäubert, sondern nach Gebrauch nur heiß ausgespült. Für Schwarztee gibt es kugelige Porzellankannen, möglichst mit einem Stövchen zum Warmhalten. Für grünen Tee, der mit kühlerem Wasser zubereitet wird, bevorzugen Chinesen und Japaner Metallkannen, die die Wärme lange halten.

Japanische Metallkanne und Porzellankanne

Tee-Ei und Teesieb

Der Einsatz Wer die Teeblätter mit einem Griff aus der Kanne entnehmen will, kann große Tee-Eier oder Einweg-Teebeutel verwenden. Für viele Kannen gibt es passende Teesiebe zum Einhängen. Wichtig bei allen ist, dass die Teeblätter gut vom Wasser umspült werden und auch nach dem Aufquellen nicht zu dicht gepackt sind. Tee-Puristen geben lieber die Blätter lose in die Kanne und gießen den Tee nach dem Ziehen durch ein Sieb in eine zweite, vorgewärmte Kanne. So kann sich das Aroma am besten entfalten.

Tee-Maßlöffel und Teelöffel

Das rechte Maß
Im Teefachgeschäft gibt es spezielle Tee-Maßlöffel, die das Portionieren einfach machen. Es taugt aber auch ein normaler Teelöffel (Achtung, er ist wesentlich kleiner als ein Kaffeelöffel!). Probieren Sie einmal aus, ob Ihnen die jeweils angegebene Menge zusagt, als Faustregel gilt: 1 g Teeblätter pro Tasse.

Wie Teesorten entstehen

Teeplantagen

Tee-Ernte

Teeblätter

Grundsätzlich können aus den Blättern des Teestrauches zwei Sorten hergestellt werden: grüner Tee und schwarzer Tee. Grüner entsteht durch das rasche Trocknen der frischen Blätter, schwarzer durch das Zerkleinern und anschließende Fermentieren, wobei der Pflanzensaft sich braun färbt und das typische Schwarzteearoma entwickelt.

Nach dem Erntezeitpunkt werden in Indien Teequalitäten unterschieden, wie in Darjeeling, dem bekanntesten Anbaugebiet an den Südhängen des Himalajagebirges, wo bis in eine Höhe von 2500 Metern Teesträucher wachsen. Die erste Ernte nach der Winterruhe beginnt im März, dann werden die ersten zarten Blattspitzen und Blätter der »First Flush«-Periode geerntet. Sie ergeben einen hellen Teeaufguss mit einem blumigen Duft. Haupterntezeit ist allerdings der Sommer, in dem von Juni bis Juli die »Second Flush«-Qualitäten gewonnen werden. Die Blätter sind nun kräftiger und dunkler, entwickeln mehr Aroma und ergeben einen dunkleren, aromatisch-würzigeren Teeaufguss. Die Ernten dazwischen, »inbetween« genannt, liefern mittelfarbene, zartwürzigere Teesorten. Aus dem größten Teeanbaugebiet der Welt, dem indischen Assam im Nordosten, erhalten wir fast nur Tees aus der zweiten Pflückperiode, dem »Second Flush«, die einen kräftigen, dunklen Aufguss mit erdig-würzigem Geschmack ergeben.

Die Blattgrößen sind vor allem bei anderen Anbaugebieten die wichtigsten Angaben. Neben Blatttees aus ganzen Blättern werden Broken-, Fannings- und Dust-Tees mit immer kleineren Bruchstücken unterschieden. Je feiner der Sortierungsgrad, desto ergiebiger sind die Tees. Die feinsten, Fannings und Dust, werden vor allem für Teebeutel eingesetzt. Die noch nicht entfalteten Blattknospen, die wenig Gerbstoff enthalten, ergeben den feinsten Tee, »Flowery Orange Pekoe« oder kurz »FOP« genannt. Kommt ein »Broken« dazu (»FBOP«), bedeutet das, dass die Blätter zerkleinert sind.

Das erste Blatt des Triebes liefert die etwas würzigere Teesorte »Orange Pekoe« (»OP«), die zweiten und dritten Blätter ergeben die Sorte »Pekoe« (»P«) mit kräftig-würzigem Aufguss. Auch hier kann sich wieder ein »Broken« für zerkleinerte Blätter hinzugesellen. Reifere, größere Blätter aus den unteren Regionen der Teebüsche liefern schließlich die Souchong- und die Earl-Grey-Teesorten.

1

2

3

Die Kunst des Teekochens

Ursprünglich wurden einfach die Blätter des Teestrauchs frisch gepflückt und mit heißem Wasser übergossen. Das ergab ein herbes, durch seinen Koffeingehalt anregendes und munter machendes Getränk. Doch da frische Teeblätter sehr rasch verderben, wurden sie schon in früheren Zeiten getrocknet, gerollt und so lager- und handelsfähig gemacht. So konnte der Tee erst seinen Siegeszug in ferne Länder antreten.

Für einen Tee nach englischer Art brauchen Sie vor allem weiches Wasser, das heißt, ein kalkarmes, mineralstoffarmes Leitungswasser, das nicht nach Chlor riechen oder schmecken darf. Bei höheren Härtegraden sollten Sie das Wasser mit einem Filter entkalken oder mineralstoffarmes, stilles Mineralwasser (zum Beispiel französisches oder italienisches) verwenden.

Für einen typisch englischen Frühstückstee benötigen Sie außerdem eine Mischung aus mittelwürzigem Ceylon- und kräftigem Assamtee.

Grundrezept

4 TL Ceylontee
3 TL Assamtee
1 l kalkarmes Wasser
frische Vollmilch und Zucker nach Belieben

1 Eine Kanne mit heißem Wasser ausspülen, die Teeblätter einfüllen. Das kalkarme Wasser aufkochen, 1 Min. kochen, dann 5 Min. abkühlen lassen, bis es nur noch ca. 85° heiß ist.

2 Das heiße Wasser über die Teeblätter gießen, die Kanne zudecken und den Aufguss 3–4 Min. ziehen lassen. Wenn Sie den Tee länger ziehen lassen, wirkt er weniger anregend.

3 Nun eine Teekanne mit heißem Wasser ausspülen. Den Teeaufguss durch ein Sieb in die Teekanne gießen. Die Teekanne auf ein Stövchen stellen und den Tee mit frischer Vollmilch und Zucker servieren.

Deutsche Teetafel

Die größten Teetrinker sind ohne Zweifel die Ostfriesen, für die immer »Teetied«, Teezeit ist. Nicht nur die Zubereitung und das Servieren, sondern auch das Genießen ist ein Ritual, das ich besonders an einem kühlen Nachmittag mag.

Tee auf friesische Art

6–7 TL ostfriesische Teemischung
(vorwiegend Assam-Teesorten)
1 l kalkarmes Wasser
grober weißer Kandiszucker
frische Sahne

Für ca. 1 l Tee | 15 Min. Zubereitung

1 Die Teekanne (ca. 1 l fassend) mit kochend heißem Wasser ausspülen. Teeblätter in einen Siebeinsatz füllen. Das kalkarme Wasser zum Kochen bringen, ca. 1/4 l davon siedend über die Teeblätter gießen. Die Teekanne zugedeckt auf ein Teestövchen stellen und den Teeansatz 3 Min. ziehen lassen.

2 Dann das restliche (nun nicht mehr ganz so heiße) Wasser aufgießen. Weitere 2–3 Min. ziehen lassen, den Siebeinsatz herausheben. Den Tee weiter auf dem Stövchen warm halten.

3 Zum Genießen gibt man ein dickes Stück Kandiszucker (»Kluntje«) in eine Tasse und gießt den heißen Tee darüber, sodass der Zucker knistert. Mit einem Teelöffel einen Schuss Sahne (ein »Wulkje«, ein Wölkchen) obenauf geben, nicht umrühren. Den Tee durch die Sahne trinken. Da sich der Kandis erst nach und nach auflöst, reicht er für drei Tassen – wie es Friesenrecht ist.

TIPP – FÜR SONNTAGSTEE
Für einen ostfriesischen Sonntagstee schneiden Sie 1 Vanilleschote klein und geben sie mit den Teeblättern in den Siebeinsatz.

pikant | aus Westfalen

»Mönch und Nonne«

4 Scheiben geräucherter westfälischer Schinken, ersatzweise Holsteiner Katenschinken
70 g weiche Butter
1 TL scharfer Senf
1 TL Zitronensaft
Salz | Pfeffer
4 Scheiben Weißbrot
4 Scheiben Pumpernickel
4 kleine Gewürzgurken

Für 4 Personen | 30 Min. Zubereitung
Pro Portion ca. 450 kcal, 14 g EW, 33 g F, 30 g KH

1 Vom Schinken den Fettrand entfernen. Die Schinkenscheiben zu Kreisen von ca. 8 cm Ø ausstechen. Den restlichen Schinken im Blitzhacker pürieren (oder mit einem Messer sehr fein hacken). Das Schinkenpüree zu der Butter geben, mit dem Senf, Zitronensaft, etwas Salz und Pfeffer würzen und glatt vermischen.

2 Die Weißbrot- und die Pumpernickelscheiben ebenfalls in Größe der Schinkenscheiben ausstechen. Beide Brotsorten jeweils auf einer Seite mit der Schinkenbutter bestreichen.

3 Die bestrichene Seite der Weißbrotscheiben mit Schinkenkreisen belegen, mit der bestrichenen Seite der Pumpernickelscheiben genau abdecken. Die Gewürzgurken fächerartig einschneiden und die »Schwarz-Weiß-Brote« damit garnieren. Zu friesischem Tee servieren.

VARIANTE – WESTFÄLISCHE MEDAILLONS

4 EL Butter mit 2 TL Senf verrühren. 4 Scheiben kräftiges Roggenbrot in Größe der ganzen Schinkenscheiben zurechtschneiden und kurz im Toaster rösten. Warm mit Senfbutter bestreichen, mit den Schinkenscheiben belegen und mit Mixed Pickles garnieren.

gelingt leicht | würzig

Schinkenmützen

200 g Frischkäse
ca. 4 EL Milch
2 EL frische Rosmarinnadeln
Salz | Pfeffer | frisch geriebene Muskatnuss
16 dünne Scheiben Lachsschinken

Für 4 Personen | 20 Min. Zubereitung
Pro Portion ca. 450 kcal, 17 g EW, 42 g F, 2 g KH

1 Den Frischkäse mit so viel Milch verrühren, bis er dick-cremig ist. Den Rosmarin fein hacken und mit Salz, Pfeffer und einer Prise Muskat unter die Käsecreme mischen. In einen Spritzbeutel mit Sterntülle füllen.

2 Die Schinkenscheiben auslegen, jeweils eine walnussgroße Menge Frischkäsecreme daraufspritzen. Die Schinkenenden mützenförmig zusammen drehen. Jeweils einen kleinen Tupfen Käsecreme als »Bommel« aufspritzen. Die Schinkenmützen auf einer Platte anrichten.

für Gourmets

Hallig-Frühstück

1 kleine Zwiebel
4 hart gekochte Eier
250 g geschälte Nordseekrabben
100 g Joghurt | 3 EL Mayonnaise
1 TL Zitronensaft | Salz | Pfeffer
1 EL gehackte Petersilie
1 EL fein geschnittener Dill
4 Scheiben Vollkornbrot

Für 4 Personen | 30 Min. Zubereitung
Pro Portion ca. 280 kcal, 23 g EW, 12 g F, 24 g KH

1 Die Zwiebel schälen und sehr fein würfeln. 2 Eier pellen und fein hacken. Ein paar Krabben zur Seite legen, die übrigen mit Zwiebel, gehackten Eiern, Joghurt und Mayonnaise vermischen. Mit Zitronensaft, Salz, Pfeffer, gehackter Petersilie und Dill würzen. Auf die Brotscheiben verteilen.

2 Die Brotscheiben vierteln. Die übrigen Eier pellen und in Scheiben schneiden, Brote damit und mit den zur Seite gelegten Krabben garnieren.

Klassiker | für Gäste

Krambambuli

8 TL ostfriesische Teemischung
1,2 l kalkarmes Wasser
2 Flaschen milder Weißwein à 750 ml
100 g Zucker
1 Bio-Zitrone
400 ml brauner Rum

Für ca. 3 l Krambambuli | 20 Min. Zubereitung

1 Eine Teekanne vorwärmen, die Teemischung in die Kanne geben. Kalkarmes Wasser aufkochen, über die Teemischung gießen und den Tee 7 Min. ziehen lassen.

2 Den Wein mit Zucker in einen Topf geben. Die Zitrone heiß waschen, die Schale hauchdünn abschälen und zum Wein geben. Alles langsam erhitzen, aber nicht kochen lassen. Den Topf vom Herd nehmen.

3 Den fertig gezogenen Tee durch ein Sieb zur Weinmischung gießen und alles verrühren. Nochmals durch das Sieb gießen.

4 Wenn die Mischung etwas abgekühlt ist, den Rum untermischen. In Flaschen füllen und gut verschließen. Kühl und dunkel aufbewahren.

5 Zum Servieren den Krambambuli entweder gut gekühlt servieren oder vorsichtig erhitzen und heiß servieren (aber nicht aufkochen, sonst verfliegt der Alkohol).

raffiniert | gelingt leicht

Orangenpunsch

5 Saftorangen, 1 davon Bio
5 TL Darjeeling-Tee
80 ml milder brauner Rum
80 ml Orangenlikör
2–3 EL brauner Rohrzucker

Für ca. 1 l Orangenpunsch
20 Min. Zubereitung

1 Die Bio-Orange heiß waschen, halbieren und 3 dünne Scheiben aus der Mitte schneiden. Von der übrigen Orange die Schale hauchdünn abschälen. Alle Orangen auspressen, den Saft durch ein Sieb in einen Topf gießen. Die Orangenschale zugeben.

2 Den Tee mit 450 ml kochendem Wasser übergießen, 5 Min. ziehen lassen. Durch ein Sieb zum Orangensaft gießen, alles vorsichtig erhitzen und bei kleiner Hitze 5 Min. ziehen lassen.

3 Den Topf vom Herd nehmen, die Orangenschale entfernen. Den Rum und den Orangenlikör unter den Punsch mischen. Mit Rohrzucker nach Belieben süßen. In Punschgläser verteilen. Die Gläser mit Orangenscheibenstücken garnieren und den Punsch heiß servieren.

TIPP – MIT ORANGEAT

Statt der Orangenschale können Sie auch 3 EL gewürfeltes Orangeat in der Tee-Saftmischung ziehen lassen, dann auf die Gläser verteilen. Mit Löffeln servieren.

links: Orangenpunsch | rechts: Krambambuli

erfrischend | für Kinder

Zauberpunsch

3 Saftorangen
15 g getrocknete Mangos
10 g getrocknete Ananasstücke
10 g getrocknete Sauerkirschen
20 g helle ungeschwefelte Rosinen
5 g getrocknete Hagebuttenschalen
5 g Hibiskusblüten (Rote Malve)
5 g Süßholzwurzel (Reformhaus)
ca. 50 g Zucker
1 EL Zitronensaft

Für ca. 1 l Zauberpunsch
25 Min. Zubereitung | 3 Std. Kühlen

1 Die Orangen auspressen. Die getrockneten Mangos, Ananasstücke und die Sauerkischen klein schneiden. Mit den Rosinen in einen großen Saftkrug geben. Mit dem Orangensaft übergießen.

2 Die Hagebuttenschalen und Hibiskusblüten mit der Süßholzwurzel in eine Teekanne geben. ¾ l Wasser aufkochen und sprudelnd heiß über die Früchtemischung gießen. Umrühren und 10 Min. ziehen lassen.

3 Den Früchtetee durch ein Sieb gießen und abkühlen lassen. Dann mit dem marinierten Obst und dem Orangensaft vermischen. Zugedeckt im Kühlschrank kalt werden lassen.

4 Den kalten Zauberpunsch nach Belieben noch mit Zucker nachsüßen und mit Zitronensaft säuern. Mit Eiswürfeln und Trinkhalmen servieren.

Klassiker | aus den Alpen

Jagertee

3 TL Ceylon-Tee
250 ml kalkarmes Wasser
2 Scheiben Bio-Zitrone
1 kleine Zimtstange
5 Gewürznelken
3 Saftorangen
350 ml milder Rotwein
ca. 60 g Zucker
150 ml Obstler (Obstschnaps, 38%)

Für ca. 1 l Jagertee | 25 Min. Zubereitung

1 Den Tee mit kochend heißem kalkarmem Wasser aufgießen, zugedeckt 7 Min. ziehen lassen. Die Zitronenscheiben, die durchgebrochene Zimtstange und die Nelken in einen Topf geben. Den gezogenen Tee durch ein Sieb zu den Gewürzen gießen und alles erhitzen.

2 Die Orangen auspressen, den Saft durch ein Sieb zum Tee gießen. Den Rotwein zugießen, alles wieder bis kurz unter den Siedepunkt erhitzen. Mit dem Zucker abschmecken und zugedeckt bei kleiner Hitze 5 Min. ziehen lassen.

3 Den Obstler untermischen, den fertigen Jagertee durch ein Sieb in große Teebecher gießen und sehr heiß servieren.

TIPP – MIT KIRSCH

Wenn Sie statt Orangensaft reinen Kirschsaft und statt Obstler Kirschwasser nehmen, haben Sie einen Schwarzwälder Jagertee.

links: Jagertee | rechts: Zauberpunsch

mild | für Kinder

Kräuter-Fruchttee

Die aromatische Mischung schmeckt nicht nur heiß, sondern im Sommer auch eisgekühlt.

50 g getrocknete Apfelstücke (Dörräpfel)
40 g getrocknete Hagebutten
30 g Brombeerblätter
15 g Fenchelsamen
10 g getrocknete Orangenschale
5 g Wacholderbeeren | Honig zum Süßen

Für 10 l Kräutertee | 20 Min. Zubereitung

1 Die getrockneten Apfelstücke und die Hagebutten sehr klein schneiden. Mit den Brombeerblättern, Fenchelsamen, getrockneter Orangenschale und den Wacholderbeeren vermischen und in eine luftdichte Dose füllen.

2 Zur Zubereitung für 1 l Kräutertee 15 g (ca. 5 EL) Kräuterfruchtmischung in einen Teebeutel oder ein Teesieb geben. 1 l Wasser aufkochen und sprudelnd über die Teemischung gießen. Zugedeckt 10 Min. ziehen lassen.

3 Die Kräuterfruchtmischung aus dem Wasser nehmen, ausdrücken und den Tee nach Belieben mit Honig süßen.

VARIANTE – FRÜCHTE-GROG

Vorher in große Tassen jeweils 1 getrocknete, klein geschnittene Aprikose, 1 TL getrocknete Sauerkirschen (Reformhaus oder Bioladen) und 1 TL ungeschwefelte Rosinen geben. Mit 3 EL braunem Rum oder Apfelsaft übergießen und ca. 10 Min. quellen lassen. Dann mit dem heißen Kräuter-Fruchttee übergießen, mit Teelöffeln für das Obst heiß servieren. Wärmt schön nach einem Winterspaziergang.

würzig | stärkt die Abwehrkräfte

Brombeerblätter-Haustee

60 g getrocknete Brombeerblätter
30 g getrocknete Himbeerblätter
30 g Pfefferminze
30 g Lindenblüten
Zucker oder Honig zum Süßen
Zitronensaft nach Belieben

Für 10 l Kräutertee | 20 Min. Zubereitung

1 Die getrockneten Blätter und Kräuter gut mischen, in eine luftdicht schließende Dose füllen.

2 Zur Zubereitung für 1 l Kräutertee 15 g (ca. 5 EL) Hausteemischung in einen Teebeutel oder ein Teesieb geben. 1 l Wasser aufkochen und kochend heiß über die Teemischung gießen. Zugedeckt 10 Min. ziehen lassen. Teebeutel oder Teesieb herausheben.

3 Den Kräutertee mit Zucker oder Honig süßen. Nach Belieben mit etwas Zitronensaft abrunden.

aromatisch | vitaminreich

Erkältungs-Kräutertee

100 g getrocknete Hagebutten mit Kernen
50 g getrocknete Lindenblüten
Fenchelhonig zum Süßen
frisch gepresster Zitronensaft

Für 10 l Kräutertee | 15 Min. Zubereitung

1 Die Hagebutten mit den Lindenblüten gut mischen, in eine luftdicht schließende Teedose füllen.

2 Zur Zubereitung für 1 l Erkältungstee 5 EL (15 g) Teemischung in einen Topf geben und mit 1 l kaltem Wasser übergießen. Langsam zum Kochen bringen und zugedeckt bei kleiner Hitze 5 Min. ziehen lassen.

3 Den Tee durch ein feines Sieb in Tassen abseihen. Pro Tasse mit 1 TL Fenchelhonig süßen. Wenn der Tee nur noch lauwarm ist, 1 TL Zitronensaft unterrühren. Warm, aber nicht heiß trinken.

für Kinder | frisch am besten

Zimt-Waffeln

125 g weiche Butter
125 g Zucker
1 TL Zimtpulver
3 Eier (Größe M)
250 g Mehl
½ TL Backpulver
knapp 250 ml Milch
Salz
200 g kalte Sahne
50 g Wildpreiselbeeren (Glas)
Fett für das Waffeleisen

Für 4 Personen | 45 Min. Zubereitung
Pro Portion ca. 850 kcal, 14 g EW, 50 g F, 86 g KH

1 Für die Waffeln die Butter mit 100 g Zucker und dem Zimtpulver schaumig rühren. Die Eier trennen und die Eigelbe unter die Buttercreme mischen. Das Mehl mit dem Backpulver mischen und mit der Milch unter den Teig rühren.

2 Die Eiweiße mit einer Prise Salz steif schlagen und unter den Teig heben. Den Backofen mit Backofenrost auf 90° (Umluft 75°) vorheizen.

3 Ein Waffeleisen erhitzen und mit Fett ausstreichen. Aus jeweils 3 EL Teig in ca. 5 Min. eine Waffel goldbraun und knusprig backen. Die fertigen auf dem Backofenrost im Ofen warm halten.

4 Wenn alle Waffeln gebacken sind, die kalte Sahne mit dem restlichen Zucker steif schlagen. Die Wildpreiselbeeren untermischen. Die heißen Waffeln mit der kalten Sahne zu Ceylon- oder Früchtetee servieren.

preiswert | unkompliziert

Schlosserbuben

125 g Mehl
1 TL Backpulver | Salz
2 Eier (Größe M)
125 ml Milch
1 TL Öl
4 EL feiner Zucker
1 TL Zimtpulver
200 g große getrocknete Pflaumen ohne Stein (Dörrpflaumen)
ca. 20 gehäutete Mandeln
Fett zum Frittieren

Für 4 Personen | 30 Min. Zubereitung
Pro Portion ca. 450 kcal, 11 g EW, 20 g F, 58 g KH

1 Das Mehl mit dem Backpulver und einer guten Prise Salz in einer Schüssel mischen. Die Eier mit Milch und dem Öl verquirlen, zum Mehl gießen alles zu einem geschmeidigen Teig verrühren. In einem Schüsselchen den Zucker mit dem Zimtpulver vermischen.

2 Die Pflaumen mit den Mandeln füllen (dazu eventuell seitlich aufschneiden). Das Fett zum Frittieren in einer Fritteuse oder in einem breiten Topf auf ca. 170° (oder bis an einem eingetauchten Holzstäbchen Blasen aufsteigen) erhitzen.

3 Die Pflaumen portionsweise durch den Teig ziehen und auf beiden Seiten in insgesamt ca. 5 Min. ausbacken. Nicht zu viele Pflaumen auf einmal in das Fett geben, sonst werden sie nicht knusprig.

4 Die gebackenen Pflaumen abtropfen lassen und auf Küchenpapier entfetten. Heiß im Zimtzucker wenden und gleich servieren.

oben: Schlosserbuben | unten: Zimt-Waffeln

knusprig

Quarktascherln

125 g trockener Quark (Magerstufe)
175 g Mehl | Salz
125 g kalte Butter
1 Ei (Größe M)
8 TL Johannisbeer-Konfitüre
4 EL Puderzucker
Mehl zum Arbeiten

Für 16 Stück | 45 Min. Zubereitung
30 Min. Kühlen
Pro Stück ca. 120 kcal, 3 g EW, 7 g F, 13 g KH

1 Den trockenen Quark mit Mehl und einer guten Prise Salz in eine Schüssel geben. Die Butter in Flöckchen zerteilen und darüberstreuen. Alles mit zwei Messern zügig zerhacken, dann das Ei zugeben und alles kurz und schnell zu einem nicht zu glatten Teig verkneten. Den Teig in Frischhaltefolie wickeln und mindestens 30 Min. kalt stellen.

2 Den Backofen auf 220° (Umluft 200°) vorheizen. Den kalten Teig auf einer bemehlten Fläche 2 mm dick ausrollen und in 16 ca. 7 cm große Quadrate schneiden. Jeweils ½ TL Konfitüre auf die Mitte der Quadrate setzen, den Teig zu Dreiecken falten und auf ein mit Backpapier belegtes Blech heben.

3 Die Tascherln im heißen Ofen (Mitte) in ca. 20 Min. goldbraun backen. Die fertigen Quarktascherln auf ein Kuchengitter heben, heiß mit Puderzucker bestäuben und abkühlen lassen. Zu einem würzigen Darjeeling servieren.

Klassiker | aus Niedersachsen

Heidesand

200 g Butter
200 g Zucker
1 Päckchen Vanillezucker | Salz
1 EL Sahne
300 g Mehl
2 TL Backpulver
Mehl zum Arbeiten

Für 30 Plätzchen | 45 Min. Zubereitung
30 Min. Kühlen
Pro Stück ca. 110 kcal, 1 g EW, 6 g F, 14 g KH

1 Die Butter in einer Pfanne erhitzen, bis sie nussbraun wird. Sofort in eine Schüssel gießen und erkalten lassen. Wenn sie gerade noch weich ist, mit Zucker, Vanillezucker, einer Prise Salz und der Sahne zu einer glatten Creme verrühren.

2 Das Mehl mit dem Backpulver vermischen und nach und nach unter die Buttercreme mischen. Zum Schluss den festen Teig kräftig durchkneten und auf wenig Mehl zu 2 Rollen von 3 cm Ø formen. Die Rollen in Frischhaltefolie wickeln und 30 Min. kalt stellen.

3 Den Backofen auf 200° (Umluft 180°) vorheizen. Die Teigrollen in ½ cm dicke Scheiben schneiden und auf ein mit Backpapier ausgelegtes Backblech setzen. Die Heidesand-Plätzchen im heißen Ofen (Mitte) in ca. 10 Min. hellgelb backen.

4 Die fertigen Plätzchen auf ein Kuchengitter heben und abkühlen lassen. Kühl und luftig aufbewahren. Zu einem kräftigen Assamtee servieren.

oben: Heidesand | unten: Quarktascherln

Englands Teekultur

Vom »Early Morning Tea« bis zum nachmittäglichen »Five o'Clock Tea« genießen Briten ihre Tasse Tee, die fast immer von Gebäck oder Sandwiches begleitet wird. Mein Favorit ist der englische Karamell-Tee, der zu süßen Keksen schmeckt.

Englischer Karamell-Tee

4 TL Assam-Tee
3 TL chinesischer Schwarztee (möglichst Keemun)
40 g Karamell-Bonbons (Schoko-Toffees)
1 l kalkarmes Wasser
5 EL Karamell-Sirup (siehe Klappe hinten)
frische Vollmilch

Für ca. 1 l Tee | 20 Min. Zubereitung

1 Die Teeblätter in einen Siebeinsatz füllen. Die Karamell-Bonbons in kleine Würfel schneiden und zu den Teeblättern geben. Eine Teekanne (ca. 1 l fassend) mit kochend heißem Wasser vorwärmen, das Wasser wieder ausgießen und den Siebeinsatz in die Kanne geben. Das kalkarme Wasser zum Kochen bringen, ca. 1/4 l davon siedend über die Tee-Karamellmischung gießen. Die Kanne auf ein Stövchen stellen und den Ansatz 3 Min. ziehen lassen.

2 Das restliche, nun nur noch ca. 85° heiße Wasser aufgießen und den Tee weitere 2 Min. ziehen lassen. Danach den Siebeinsatz aus dem Tee nehmen, die Teeblätter leicht ausdrücken. Den Tee auf dem Stövchen servieren, in Kännchen den Karamell-Sirup und frische Vollmilch extra dazureichen.

3 Zum Genießen gibt sich jeder etwas Karamell-Sirup in die Tasse, gießt heißen Tee auf und füllt Milch nach Belieben zu.

TIPP – FRÜHSTÜCKSTEE

Für ihren kräftigeren »Early Morning Tea« bevorzugen Engländer eine Mischung aus 5 TL Ceylon-Tee und 3 TL Assam-Tee.

üppig | fürs Wochenende

Englisches Frühstück

Zum »Full Breakfast« gehören traditionell warme Gerichte wie gebackene Bohnen, Würstchen, Speck und Eier, dazu Orangensaft und natürlich reichlich Tee.

2 Dosen weiße Bohnen à 225 g
1 Zwiebel
125 g Frühstücksspeck (Bacon)
1 EL Öl zum Braten
1 EL brauner Zucker
450 ml Tomatensaft
2 TL Worcestersauce
1 TL Senfpulver, ersatzweise Senf
Salz | Pfeffer
6 kleine Tomaten
12 große Champignons
6 kleine Bratwürste (Sausages, ersatzweise Nürnberger Rostbratwürstchen)
6 Eier
Fett für die Formen

Für 6 Personen | 1 Std. Zubereitung
Pro Portion ca. 450 kcal, 25 g EW, 31 g F, 18 g KH

1 Die Bohnen in ein Sieb abgießen, abtropfen lassen. Die Zwiebel schälen und fein hacken. 2 Scheiben Frühstücksspeck in feine Streifen schneiden. In einem Topf etwas Öl erhitzen, die Speckstreifen leicht anbraten. Die gehackte Zwiebel zugeben und alles honigbraun braten. Den Zucker darüberstreuen und leicht karamellisieren lassen. Den Tomatensaft aufgießen und ca. 5 Min. bei mittlerer Hitze einkochen lassen. Die Sauce mit Worcestersauce, Senfpulver, Salz und Pfeffer abschmecken. Die Bohnen untermischen und den Topf vom Herd nehmen. Den Backofen auf 200° (Umluft 180°) vorheizen.

2 Die Tomaten waschen und halbieren. Die Champignons putzen und in Scheiben schneiden. Zwei flache Formen fetten, in eine die Tomaten und die Champignons legen, leicht salzen und pfeffern. In die zweite Form die Bohnen mit der Sauce einfüllen. Alles im heißen Ofen (Mitte) ca. 15 Min. backen, bis das Gemüse und die Bohnen heiß sind.

3 Die Bratwürste mit einer Nadel mehrmals einstechen, damit sie nicht platzen. In einer großen Pfanne das restliche Öl erhitzen und die Bratwürste und die übrigen Frühstücksspeckscheiben bei mittlerer Hitze rundum knusprig braten. Die Bratwürste an den Pfannenrand schieben und die Eier über den Speckscheiben aufschlagen. Bei kleinerer Hitze braten, bis das Eiweiß gerade gestockt ist. Nur das Eiweiß leicht salzen.

4 Die gebackenen Bohnen aus dem Ofen nehmen. Den Backofengrill einschalten und die Tomaten und die Champignons kurz übergrillen, bis die Oberflächen leicht gebräunt sind.

5 Die gebackenen Bohnen, die gegrillten Tomaten und Champignons, die Bratwürstchen und die Eier auf Speck anrichten. Reichlich Tee, Orangensaft und frisch gerösteten Toast dazuservieren.

TIPP – MARMELADE

Nach den üppigen Gerichten essen Engländer gern Toast mit Butter und bitterer Orangenmarmelade – diese hilft, das Fett besser zu verdauen.

aromatisch | Nachmittagstee

Englischer Earl Grey Tee

Der britische Klassiker, nach Earl Charles Grey benannt, der diese Mischung um 1830 von einer Chinareise mitbrachte.

7 TL Earl Grey Tee (chinesischer Schwarztee, mit Bergamotte aromatisiert)
1 l kalkarmes Wasser
nach Belieben:
1 TL getrocknete Kornblumenblüten
1 TL getrocknete Ringelblumenblüten
zum Servieren: frische Vollmilch und Zucker

Für ca. 1 l Tee | 15 Min. Zubereitung

1 Eine Kanne mit heißem Wasser ausschwenken, die Teeblätter einfüllen. Das kalkarme Wasser aufkochen, den Topf vom Herd nehmen, das Wasser ca. 5 Min. abkühlen lassen, bis es 80° heiß ist.

2 Nach Belieben die Blüten zu den Teeblättern in die Kanne geben. Das heiße Wasser über die Mischung gießen und den Tee 3–4 Min. ziehen lassen. Durch ein Sieb in die Teetassen gießen.

GUT ZU WISSEN – BERGAMOTTE

Ursprünglich wurde der Schwarztee bereits in China mit duftenden Schalen der Bergamotte-Zitrone aromatisiert, um zu verhindern, dass die Teeblätter auf der langen Reise nach England den Geruch modriger Schiffsladeräume annehmen. Der besonders von der feinen Gesellschaft geschätzte Tee wird gerne mit Blüten versetzt, um ihm zusätzlich blumige Noten und eine schöne Farbe zu geben. Wer mag, kann den Tee mit Milch und Zucker servieren.

ganz einfach | wärmt

Whistle-Teepunsch

5 TL englische Teemischung
½ l kalkarmes Wasser
75 ml frisch gepresster Zitronensaft
100 g Zucker
2 Flaschen milder Rotwein à 750 ml

Für ca. 2 l Teepunsch | 30 Min. Zubereitung

1 Die Teemischung in eine vorgewärmte Kanne geben. Das kalkarme Wasser aufkochen, kurz abkühlen lassen, dann über die Teeblätter gießen. 5 Min. ziehen lassen. Dann durch ein Teesieb in einen Topf gießen und mit Zitronensaft und Zucker vermischen.

2 Unter Rühren bei mittlerer Hitze heiß werden lassen, aber nicht kochen. Den Rotwein zugießen, erhitzen und alles noch 5 Min. ziehen lassen. Heiß in Punschgläser füllen und servieren.

erfrischend | unkompliziert

Englischer Eistee

6 TL Ceylon-Tee
1 l kalkarmes Wasser
10 große Eiswürfel
100 g Zucker
50 ml frisch gepresster Zitronensaft
½ l kohlensäurehaltiges Mineralwasser
evtl. Zitronenscheiben zum Garnieren

Für ca. 1,5 l Eistee | 15 Min. Zubereitung
2 Std. Kühlen

1 Den Ceylon-Tee mit kochend heißem Wasser aufgießen, 5 Min. ziehen lassen. Durch ein Sieb gießen und abkühlen lassen. Die Eiswürfel in einen Krug geben und mit Zucker bestreuen. Den Zitronensaft durch ein Sieb dazugießen, den kalten Tee auffüllen.

2 Erst kurz vorm Servieren mit sprudelndem Mineralwasser aufgießen. In Gläser füllen und nach Belieben mit Zitronenscheiben garniert servieren.

herb-würzig

Bitterorangen-Marmelade

500 g Bitterorangen (ca. 4 Stück), ersatzweise Bio-Orangen
ca. 500 g Zucker

Für 2 Gläser à 350 ml | 35 Min. Zubereitung
1 Std. 7 Min. Garen
Pro Glas ca. 980 kcal, 2 g EW, 0 g F, 265 g KH

1 Die Orangen heiß waschen, trocknen und längs halbieren. Die Hälften der Länge nach in dünne Spalten schneiden – so lassen sich die Kerne leicht entfernen. Die Spalten quer in feine Streifen schneiden, den Saft dabei auffangen.

2 Die Orangenstreifen mit dem Saft in einen Topf füllen, knapp mit Wasser bedecken, aufkochen und bei schwacher Hitze zugedeckt ca. 1 Std. garen, bis die Orangenstreifen weich sind.

3 Die Orangenstreifen durch einen Fleischwolf drehen oder mit dem Pürierstab zerkleinern. Das Püree wiegen und mit der gleichen Menge Zucker verrühren. 15 Min. quellen lassen.

4 Die Orangen-Zucker-Mischung unter Rühren aufkochen und offen bei mittlerer Hitze 5–7 Min. kochen lassen. Kochend heiß in saubere Schraubdeckelgläser füllen, verschließen und abkühlen lassen, dabei ab und zu umdrehen, damit sich die Schalenstücke gleichmäßig verteilen. Kühl und dunkel aufbewahren.

ORANGEN-TIPP

Bitterorangen gibt es in gut sortierten Obstläden und in Biomärkten von Januar bis März. Die Schale ist immer unbehandelt.

süßer Brotaufstrich | cremig

Lemon Curd

3 Bio-Zitronen
85 g Butter
170 g Zucker
3 Eier (Größe M)
2 Eigelbe

Für 2 Gläser à 350 ml | 30 Min. Zubereitung
Pro Glas ca. 860 kcal, 13 g EW, 51 g F, 89 g KH

1 Die Zitronen heiß waschen, trocknen und die Schale grob abreiben. Die Zitronen auspressen, eventuell den Saft mit Wasser auf 150 ml ergänzen.

2 Die Butter in eine halbrunde Metallschüssel geben und über dem heißen Wasserbad schmelzen lassen. Zucker, die abgeriebene Zitronenschale und den Zitronensaft zugeben und kräftig unterrühren.

3 Die Eier und die Eigelbe leicht verquirlen und mit dem Schneebesen unter die Buttermischung rühren. Unter ständigem Rühren die Mischung ca. 7 Min. erhitzen, bis sie cremig und leicht dicklich wird. Dabei die Mischung nicht kochen lassen, sonst gerinnt sie.

4 Die Schüssel in kaltes Wasser stellen und so lange weiterrühren, bis die Eier-Zitronencreme abgekühlt ist. In saubere Schraubdeckelgläser füllen, verschließen und im Kühlschrank aufbewahren. Innerhalb von 2 Wochen verbrauchen.

VERWENDUNGS-TIPP

Der süße »Zitronen-Quark« wird auf gebuttertem Toast gegessen oder für eine Torte dick auf einen fertig gekauften Biskuitboden gestrichen.

links: Lemon Curd | rechts: Bitterorangen-Marmelade

würzig | ganz einfach

Sandwichspread

50 g Mixed Pickles (aus dem Glas)
1 kleine Gewürzgurke
100 g Mayonnaise
75 g Frischkäse
1 TL Sardellenpaste
1 TL Zitronensaft
etwas Worcestersauce
1 Prise Zucker | Salz | Pfeffer

Für 250 g (8–10 Portionen)
15 Min. Zubereitung
Pro Portion ca. 90 kcal, 1 g EW, 7 g F, 4 g KH

1 Die Mixed Pickles und die Gewürzgurke gut abtropfen lassen. Alles sehr fein hacken. Die Mayonnaise mit dem Frischkäse glatt rühren, das gehackte Sauergemüse untermischen.

2 Die Creme mit Sardellenpaste, Zitronensaft, etwas Worcestersauce und einer Prise Zucker würzen, mit Salz und Pfeffer abschmecken. Den Sandwich-Aufstrich in ein sauberes Schraubdeckelglas füllen, verschließen und im Kühlschrank etwas durchziehen lassen. Als Aufstrich für Sandwiches oder zu frisch geröstetem Toast servieren.

AUSTAUSCH-TIPPS

Statt der Gewürzgurke können Sie auch 5 grüne Oliven ohne Stein sehr klein würfeln und untermischen. Oder den Aufstrich mit fein gehackten Kräutern (Petersilie, Schnittlauch, Kresse) würzen. Pikanter wird er mit ein paar Tropfen Tabascosauce und ein wenig durchgepresstem Knoblauch statt Worcestersauce.

edel | für Gäste

Roastbeef Sandwich

8 Scheiben Sandwichbrot, ersatzweise Kastenweißbrot
125 g Sandwichspread (siehe Rezept, ersatzweise gekauftes)
125 g Roastbeefaufschnitt
grob gemahlener schwarzer Pfeffer
1 Orange

Für 4 Personen | 20 Min. Zubereitung
Pro Person ca. 290 kcal, 13 g EW, 11 g F, 33 g KH

1 Das Sandwichbrot entrinden. Die Hälfte der Brotscheiben auslegen und mit der Hälfte des Sandwichspreads bestreichen. Roastbeefscheiben halb zusammenklappen und auf den bestrichenen Broten verteilen. Mit grob gemahlenem Pfeffer bestreuen.

2 Die Orange mit einem scharfen Messer schälen, dabei die weiße Haut mit entfernen. Die Fruchtspalten aus den Trennhäuten schneiden, dabei den Saft auffangen. Die Trennhäute fest ausdrücken. Die Orangenfilets auf die Roastbeefscheiben legen.

3 Den aufgefangenen Orangensaft unter den übrigen Sandwichspread mischen, auf die Roastbeefscheiben klecksen. Die unbestrichenen Brotscheiben auflegen und leicht andrücken. Die Sandwiches diagonal halbieren, halb in Papierservietten einwickeln. Zu kräftigem Ceylon-Assam-Tee servieren.

TIPP – MIT GURKEN

Engländer lieben auch frische Gurkenscheiben mit Brunnenkresseblättchen bestreut statt Roastbeef.

oben: Sandwichspread | unten: Roastbeefsandwich

fruchtig | etwas aufwendig

Orange Biscuits

1 große Bio-Orange
4 Eier (Größe M)
1 Prise Salz
250 g Zucker
125 g Mehl
ca. 150 g Orangen-Marmelade
(siehe Rezept S. 28, ersatzweise gekaufte)
Backpapier für das Blech

Für ca. 24 Kekse | 1 Std. Zubereitung
Pro Stück ca. 90 kcal, 2 g EW, 1 g F, 18 g KH

1 Die Orange heiß waschen, trocken tupfen und die Schale mit einem Zestenreißer abziehen, in eine kleine Schüssel geben. Die Orange auspressen und den Saft zur Orangenschale gießen. Etwa 30 Min. ziehen lassen. Den Backofen auf 200° (Umluft 180°) vorheizen.

2 Die Eier trennen. Die Eiweiße mit einer Prise Salz zu festem Schnee schlagen. Die Eigelbe mit dem Zucker gut schaumig rühren, bis die Mischung hellgelb ist. Den Orangensaft durch ein Sieb zur Eigelbmischung gießen und unterrühren. Den Eischnee unterheben. Das Mehl darüber sieben und locker untermischen.

3 Ein Backblech mit Backpapier belegen. Den Teig esslöffelweise mit Abstand auf das Blech setzen. Im heißen Ofen (Mitte) ca. 8 Min. backen, bis die Kekse hellbraun sind. Auf ein Kuchengitter heben und abkühlen lassen.

4 Die Orangen-Marmelade leicht erwärmen. Die Hälfte der Kekse damit bestreichen, mit den unbestrichenen zusammensetzen und servieren.

Klassiker | gesund

Oat Crackers

350 g Weizenvollkornmehl
150 g feine Haferflocken
125 g weiche Butter
1 Päckchen Backpulver
1 TL Salz
175 ml Buttermilch
90 g heller Honig
Backpapier

Für ca. 100 Kekse | 30 Min. Zubereitung
20 Min. Backzeit pro Blech
Pro Stück ca. 30 kcal, 1 g EW, 1 g F, 4 g KH

1 Das Mehl mit Haferflocken, Butter, Backpulver und Salz vermischen. Die Buttermilch mit dem Honig gut handwarm erhitzen, nach und nach unter die Mehlmischung rühren, bis ein geschmeidiger, fester Teig entstanden ist.

2 Den Backofen auf 170° (Umluft 160°) vorheizen. Ein Backblech mit Backpapier auslegen. Den Teig vierteln und mit einem leicht angefeuchteten Tuch bedecken. Jeweils ein Teigstück nehmen und zwischen Backpapier ½ cm dick ausrollen. Mit einem gezackten Teigrädchen in ca. 4×6 cm große Rechtecke schneiden.

3 Die Teigrechtecke mit einer Gabel mehrmals einstechen und auf das Backblech legen. Im heißen Ofen (Mitte) ca. 15 Min. backen, bis die Cracker leicht gebräunt sind. Auf ein Kuchengitter heben. Die übrigen Teigstücke ebenso ausrollen und backen. Frisch servieren oder nach dem Auskühlen in einer Blechdose aufbewahren.

links: Oat Crackers | rechts: Orange Biscuits

fruchtig-aromatisch

Orange Tea

1 Bio-Orange
1 l kalkarmes Wasser
4 TL Assam-Tee
3 TL Ceylon-Tee
Zucker nach Belieben

Für ca. 1 l Tee | 30 Min. Zubereitung

1 Die Orange heiß waschen, ein ca. 5 cm langes Stück Schale hauchdünn abschälen, in einen hitzefesten Krug geben. Die Orange auspressen, den Saft durch ein Sieb zur Orangenschale gießen.

2 Das Wasser aufkochen, die Hälfte davon kochend heiß zum Orangensaft gießen, 5 Min. ziehen lassen. Eine Teekanne vorwärmen. Beide Teesorten in ein Teesieb oder einen Teebeutel füllen und in die Kanne setzen.

3 Das restliche heiße Wasser über die Teeblätter gießen, die Kanne auf ein Stövchen stellen und den Teeaufguss 3–4 Min. ziehen lassen. Das Teesieb entfernen und den Orangenextrakt zum Tee gießen, dabei die Orangenschale entfernen. Den Tee in Teegläser gießen und mit Zucker servieren.

VARIANTE – SPICY ORANGE TEA

Im Winter wärmt dieser Tee schön auf, wenn Sie noch 1 Zimtstange und 3 Gewürznelken zu der Orangenschale in den Krug geben und mitziehen lassen. Zum gewürzten Tee frisch gepressten Zitronensaft und Honig servieren.

Klassiker | ganz einfach

Scones mit Sahne

250 g Weizenmehl (Type 550)
35 g ungeschwefelte Rosinen
1 TL Weinstein-Backpulver | Salz
30 g Butter
150 ml Buttermilch
1 Ei (Größe S)
Mehl zum Arbeiten
200 g dicke englische Sahne (Clotted cream), ersatzweise Crème double
100 g Erdbeer-Konfitüre

Für 8 Scones | 40 Min. Zubereitung
Pro Stück ca. 290 kcal, 5 g EW, 15 g F, 33 g KH

1 Den Backofen auf 200° (Umluft 180°) vorheizen. Das Mehl mit den Rosinen, Backpulver und einer guten Prise Salz mischen. Die Butter in Stückchen schneiden und zugeben, unter die Mehlmischung kneten. Nach und nach die Buttermilch und dann das Ei einarbeiten. Den Teig kräftig durchkneten.

2 Ein Backblech mit Backpapier auslegen. Den Teig in 8 eigroße Stücke teilen, diese zu runden Brötchen formen. Diese Scones auf das Backblech legen und flach drücken, die Oberfläche mit einer Gabel mehrmals einstechen. Mit Wasser bestreichen und im heißen Ofen (Mitte) in 15–20 Min. goldbraun backen.

3 Die Scones aus dem Ofen nehmen und warm servieren. Zum Essen aufschneiden, die Hälften dick mit Sahne bestreichen und jeweils einen guten Klecks Erdbeer-Konfitüre obenauf setzen. Den Orange Tea oder einen englischen Assam-Ceylon-Tee dazuservieren.

oben: Orange Tea | unten: Scones mit Sahne

Afrika und Orient

In nordafrikanischen Ländern und im Orient wird sehr viel Tee getrunken – schwarzer, grüner und mit Minze oder Gewürzen aromatisierter. Daneben gibt es farbenfrohe Blüten- und Kräutertees. Mir schmeckt besonders arabischer Datteltee »mit Biss«.

Datteltee »Ras el Hanout«

4 Kardamomkapseln
1 TL rosa Pfefferkörner (Schinus-Früchte)
3 Gewürznelken
3 Pimentkörner
1 kleine Zimtstange
1 l kalkarmes Wasser oder stilles Mineralwasser
2 EL Walnusskerne
1 EL Pinienkerne
4 Datteln ohne Stein
50 g Zucker
5 TL schwarzer Tee (Yunnan oder Assam)

Für ca. 1 l Tee | 35 Min. Zubereitung

1 Die Kardamomkapseln zerdrücken, mit den übrigen Gewürzen in eine Kanne geben. Wasser aufkochen und kochend heiß über die Gewürze gießen. 20 Min. ziehen lassen

2 Inzwischen die Nüsse in einer kleinen Pfanne ohne Fett leicht anrösten, abkühlen lassen und hacken. Die Datteln in kleine Stücke schneiden. Nüsse und Datteln auf die Teegläser verteilen.

3 Das gewürzte Wasser noch einmal erhitzen, den Zucker und den Tee einrühren und 4–5 Min. ziehen lassen. Durch ein Sieb über die Nuss-Dattelmischung gießen und heiß servieren.

TIPP – GEWÜRZE

In der Gewürzmischung »Ras el Hanout« (übersetzt »Chef des Ladens«) stecken immer scharfe, süße und bittere Gewürze. Probieren Sie auch mal Chilis, Ingwer und Muskatblüte dazu.

belebend

Marokkanischer Minztee

Der sehr süße, minzewürzige Tee wird in Marokko überall und zu jeder Gelegenheit angeboten. Er macht munter und erfrischt zugleich.

4 Zweige frische Minze (möglichst Naneminze)
4 TL grüner chinesischer Tee (Gunpowder)
1,2 l kalkarmes Wasser oder stilles Mineralwasser
10–12 Zuckerwürfel

Für ca. 1 l Tee | 25 Min. Zubereitung

1 Die Minze waschen, 6 Blättchen abzupfen und beiseite legen. Den Tee in eine Teekanne (möglichst mit Siebeinsatz) geben. Das Wasser aufkochen, etwa 2 Teegläser voll über den Tee gießen und sofort wieder abgießen.

2 Die Minzstängel in die Teekanne geben. Das übrige, nun nicht mehr kochend heiße Wasser über den Tee und die Minze gießen. Die Zuckerwürfel zugeben und die Teekanne auf ein Stövchen stellen. Den Tee höchstens 3 Min. ziehen lassen.

3 Ein Teeglas füllen, dabei die Kanne möglichst hochhalten, damit der Teestrahl mit Luft in Berührung kommt. Den Tee aus dem Glas wieder in die Kanne gießen und den Vorgang noch zwei- bis dreimal wiederholen, damit sich das Aroma erschließt. Die Minzeblätter auf die Teegläser verteilen und den Tee darübergießen. Möglichst heiß servieren.

VARIANTE – TUNESISCHER TEE

Statt grünem Tee wird hier schwarzer Tee (Assam) genommen und die Teeblätter ohne Vorspülen aufgegossen.

raffiniert | aus Marokko

Mogador-Tee

2 TL chinesischer grüner Gunpowder-Tee
2 TL chinesischer Grüntee (möglichst Chun Mee)
2 TL Pfefferminztee
2 EL getrocknete Rosenblätter (nach Belieben)
¾ l kalkarmes Wasser

Für ca. 0,75 l Tee | 15 Min. Zubereitung

1 Die Teesorten und die Rosenblätter mischen. Eine Kanne (möglichst mit Siebeinsatz) heiß ausspülen, die Teemischung einfüllen.

2 Das Wasser aufkochen und in 10 Min. auf ca. 70° abkühlen lassen. Über die Teemischung gießen. Teekanne auf ein Stövchen stellen und den Teeaufguss 3 Min. ziehen lassen. Dann in Teegläser füllen.

TIPP – MILDERER TEE

Wem der Grüntee zu herb ist, gießt erst etwas heißes Wasser über die Teeblätter und schüttet es gleich wieder ab. Dann erst die Kanne füllen.

scharf-würzig

Pikante Kanapees

1 Baguette | 1 Dose Thunfisch (185 g Abtropfgewicht) | 4 hart gekochte Eier
2 TL Harissa (scharfe tunesische Paprikapaste)
2 EL Zitronensaft | 4 EL Olivenöl
Salz | schwarzer Pfeffer

Für 4 Personen | 25 Min. Zubereitung
Pro Portion ca. 460 kcal, 22 g EW, 22 g F, 45 g KH

1 Das Baguette sehr schräg in Scheiben schneiden. Den Thunfisch abtropfen lassen, dann grob zerpflücken. Die Eier pellen und in Scheiben schneiden. Harissa mit Zitronensaft und Olivenöl verrühren, mit Salz und Pfeffer abschmecken.

2 Die Baguettescheiben leicht anrösten, auf eine Platte legen. Etwa die Hälfte der Harissasauce darüberträufeln. Die Brotscheiben mit Eischeiben und Thunfisch belegen, mit der restlichen Harissasauce beträufeln. Die Häppchen zum Mogador-Tee servieren.

würzig

Syrischer Anistee

2 TL Anissamen
50 g Zucker
1 l kalkarmes Wasser oder stilles Mineralwasser
7 TL schwarzer Tee (Assam)
3 EL Walnusskerne

Für ca. 1 l Tee | 20 Min. Zubereitung

1 Den Anissamen mit Zucker und ½ l Wasser aufkochen. Zugedeckt 10 Min. bei kleiner Hitze ziehen lassen. Den schwarzen Tee in einen Teebeutel füllen und in eine Teekanne hängen.

2 Das restliche Wasser aufkochen, 1 Min. abkühlen lassen, dann über die Teeblätter gießen. Den Tee 4–5 Min. ziehen lassen. Die Walnusskerne hacken.

3 Den Teebeutel aus der Kanne nehmen und den Gewürzsud durch ein Sieb zum Tee gießen. Den Tee auf Gläser verteilen und mit gehackten Nüssen bestreut servieren.

mild-würzig | aus Südafrika

Rotbusch-Tee

8 TL reiner, nicht aromatisierter Rotbusch-Tee (Rooibos, Koopman's Tea)
1 TL getrocknete Orangenschalen
1 TL Ingwer-Pulver
1 l kalkarmes Wasser

Für ca. 1 l Tee | 20 Min. Zubereitung

1 Eine Teekanne vorwärmen. Den Rotbusch-Tee, die getrockneten Orangenschalen und den Ingwer in die Kanne füllen. Das Wasser aufkochen und über die Teemischung gießen.

2 Die Kanne auf ein Stövchen stellen und den Aufguss 3 Min. ziehen lassen. Den Tee durch ein Sieb in Teegläser gießen. Übrigen Tee eventuell durch das Sieb in eine zweite Kanne gießen. Möglichst nicht süßen, er schmeckt auch ohne Zucker.

TIPP – MIT VANILLE

Statt mit Orange und Ingwer den Tee mit etwas klein geschnittener Vanilleschote aromatisieren.

fruchtig-frisch | für Kinder

Honigbusch-Tee

8–10 TL Honigbusch-Tee (Honeybush)
1 l kalkarmes Wasser
heller Honig nach Belieben

Für ca. 1 l Tee | 15 Min. Zubereitung

1 Eine Teekanne vorwärmen und den Honigbusch-Tee einfüllen. Das Wasser aufkochen und kochend heiß über die Teeblätter gießen. Die Kanne auf ein Stövchen stellen.

2 Den Teeaufguss 3–5 Min. ziehen lassen. Dann durch ein Sieb in Teegläser verteilen. Nach Belieben mit etwas Honig süßen.

TIPP – FÜR DIE GESUNDHEIT

Der fruchtig-frische, koffeinfreie Tee vom afrikanischen Kap hat von Natur aus ein zartes Honigaroma und hilft bei Erkältung (dann noch etwas frisch gepressten Zitronensaft zugeben) und ungesüßt bei Magenschmerzen.

fruchtig | unkompliziert

Türkischer Apfeltee

50 g getrocknete Apfelringe
1 l kalkarmes Wasser oder stilles Mineralwasser
2 EL frisch gepresster Zitronensaft
6–8 TL Zucker

Für ca. 1 l Tee | 25 Min. Zubereitung

1 Die Apfelringe zerkleinern und in einen Topf füllen. Das Wasser zugießen und alles bei mittlerer Hitze aufkochen, dann den Topf vom Herd nehmen und den Apfeltee 20 Min. ziehen lassen.

2 Den Zitronensaft und den Zucker nach Bedarf zugeben, den Tee durch ein Sieb in Teegläser füllen und weiteren Zucker zum Nachsüßen bereitstellen.

TIPP – RESTEVERWERTUNG

Heute bevorzugen Türken ein Instant-Apfelteegetränk, aber früher wurden für den Aufguss Apfelschalen und Kerngehäuse getrocknet und ein fruchtig-herber, preiswerter Tee daraus gekocht.

fruchtig | aus Ägypten

Karkadeh-Tee

15 g (ca. 4 gehäufte EL) getrocknete Hibiskusblüten (Rote Malve, Malventee, aus dem Reformhaus)
1 l kalkarmes Wasser oder stilles Mineralwasser
6–8 TL Zucker oder Hibiskussirup

Für ca. 1 l Tee | 20 Min. Zubereitung

1 Die Hibiskusblüten in eine Kanne füllen. Das Wasser aufkochen, in ca. 4 Min. auf ca. 80° abkühlen lassen und über die Hibiskusblüten gießen. Zugedeckt 10 Min. ziehen lassen.

2 Den Karkadeh-Tee durch ein Sieb in Teegläser gießen, mit Zucker oder Hibiskussirup nach Belieben süßen.

TIPP – SOMMERTEE

Für einen erfrischenden Karkadeh-Tee 1 l kaltes, stilles Mineralwasser mit den Hibiskusblüten mischen. 2 Minzezweige waschen und die Blättchen dazuzupfen. Zugedeckt bei Zimmertemperatur 4–6 Std. ziehen lassen. 75 g Zucker mit 75 ml Wasser unter Rühren ca. 10 Min. kochen, bis sich der Zucker aufgelöst hat. Den Sirup abkühlen lassen. Den Teeansatz durch ein Sieb in eine Karaffe gießen, mit dem Zuckersirup (oder auch Hibiskussirup) verrühren und gut kühlen. Nach Belieben noch frische Minzeblätter zugeben. Tolles Getränk für einen Kindergeburtstag.

GUT ZU WISSEN

Karkadeh ist der ägyptische Name für einen Hibiskus-Tee mit intensiv roter Farbe, der heiß oder kalt getrunken wird.

fruchtig | gesund

Nomaden-Konfekt

100 g getrocknete Datteln ohne Stein
100 g gehäutete Mandeln
75 g Pistazienkerne
150 g Semmelbrösel
75 g heller Honig
2 EL Rosenwasser (Apotheke)
je 1 Msp. Zimtpulver, gemahlene Nelken und Kardamom
2 EL Sesamöl
1 EL Arganöl, ersatzweise Sesam-Würzöl
Zucker zum Wälzen
Pralinenhütchen zum Servieren

Für ca. 35 Konfektkugeln | 45 Min. Zubereitung
Pro Kugel ca. 70 kcal, 2 g EW, 4 g F, 9 g KH

1 Von den getrockneten Datteln die pergamentartigen Häute so weit wie möglich entfernen, die Datteln klein schneiden.

2 Die Mandeln mit den Pistazienkernen in einer kleinen Pfanne ohne Fett leicht anrösten, abkühlen lassen und grob zerkleinern.

3 Die Datteln mit Mandeln und Pistazien in einem Blitzhacker oder im Mixer zerkleinern. Semmelbrösel, Honig, Rosenwasser und Gewürze zugeben, nochmals durchmixen. Mit Sesamöl und Arganöl zu einer glatten Masse vermischen.

4 Die Mischung zu walnussgroßen Kugeln formen und in Zucker wälzen, in Pralinenhütchen setzen. Als kleine Leckerei zu orientalischem Tee servieren.

oben: Karkadeh-Tee | unten: Nomaden-Konfekt

marokkanische Knabberei

Gazellenhörnchen

70 g Butterschmalz
1 Ei (Größe M)
250 g Mehl | Salz
200 g Honig-Marzipan (Biomarkt, Reformhaus)
ca. 2 TL Orangensaft
1 TL geriebene Schale von einer Bio-Orange
½ TL Zimtpulver
Mehl zum Arbeiten
Puderzucker zum Bestäuben

Für ca. 30 Stück | 1 Std. 15 Min. Zubereitung
Pro Stück ca. 80 kcal, 2 g EW, 4 g F, 10 g KH

1 Das Butterschmalz zerlassen, wieder abkühlen lassen. Das Ei trennen, das Eigelb mit 3 EL Wasser zum Mehl geben. Mit einer Prise Salz und Butterschmalz vermischen und zu einem glatten Teig verkneten, in Klarsichtfolie wickeln und 30 Min. ruhen lassen.

2 Das Marzipan mit der Hälfte vom Eiweiß, Orangensaft, Orangenschale und Zimt vermischen. Die Masse zu einer Rolle formen, in ca. 30 Stücke teilen und jedes zu einem 4 cm langen Stäbchen rollen.

3 Den Backofen auf 200° (Umluft 180°) vorheizen. Ein Backblech mit Backpapier belegen. Den Teig auf Mehl sehr dünn ausrollen. Kreise von 8 cm Ø ausstechen. Jeweils 1 Marzipanstück auf einen Kreis legen, den Kreis zum Halbmond falten, die Ränder gut andrücken und die Halbmonde zu Hörnchen biegen. Auf das Backblech legen und im Ofen (Mitte) in 15–20 Min. goldbraun backen. Auf ein Kuchengitter setzen und dick mit Puderzucker bestäuben.

iranisch-würzig

Gefüllte Mandelkugeln

100 g weiche Butter | 2 Eier
100 g Sahne-Joghurt | 1 TL Backpulver
250 g Mehl und Mehl zum Arbeiten
200 g fein gemahlene Mandeln | 125 g Zucker
1 TL gemahlener Kardamom
2 EL Zitronensaft
1 EL Rosenwasser (Apotheke)
50 g Pistazienkerne

Für ca. 35 Stück | 1 Std. Zubereitung
1 Std. Ruhezeit
Pro Stück ca. 100 kcal, 2 g EW, 7 g F, 9 g KH

1 Die Butter gut mit den Eiern verrühren. Den Joghurt, Backpulver und nach und nach so viel Mehl unterrühren, bis der Teig glatt und geschmeidig ist. Den Teig in Klarsichtfolie wickeln und 1 Std. kalt stellen.

2 Für die Füllung die Mandeln mit 75 g Zucker, Kardamom vermischen, dann Zitronensaft und Rosenwasser zugeben und einarbeiten. Den Backofen auf 200° vorheizen.

3 Den Teig aus der Folie nehmen und auf Mehl dünn ausrollen. Kreise von ca. 7 cm Ø ausstechen. In die Mitte eines Kreises ca. 1 TL Füllung geben, den Teig darüber zusammendrücken und zu Kugeln formen. Auf ein Backblech mit Backpapier setzen. Im Ofen (Mitte, Umluft 180°) in ca. 25 Min. goldbraun backen.

4 Den übrigen Zucker mit den Pistazienkernen im Blitzhacker pulverfein zerkleinern. Die gebackenen heißen Kugeln im Pistazienzucker wälzen, auf einem Kuchengitter abkühlen lassen.

links: Gefüllte Mandelkugeln | rechts: Gazellenhörnchen

türkisches Fingerfood

Schafskäse-Fladen

Die hauchdünnen, weichen Fladen werden an der türkischen Riviera auf heißen Eisenplatten über Holzkohle gebacken, gefüllt und heiß aus der Hand gegessen. Dazu gibt es Apfeltee oder süßen Schwarztee.

250 g Weizenmehl Type 550
10 g frische Hefe (ca. ¼ Würfel)
4 EL Olivenöl
1 TL Salz
200 g milder Schafskäse
2 Knoblauchzehen
½ Bund Petersilie
½ Bund Dill
1 TL Paprikablättchen (Pulbiber)
Mehl zum Arbeiten
Öl zum Braten

Für 8 Fladen | 45 Min. Zubereitung
1 Std. Ruhezeit
Pro Fladen ca. 220 kcal, 8 g EW, 11 g F, 23 g KH

1 Für den Teig das Mehl in eine Schüssel geben, eine Mulde eindrücken. Die Hefe mit ca. 150 ml lauwarmem Wasser, dem Olivenöl und Salz verquirlen. Die Mischung in die Mulde gießen und alles zu einem glatten, ziemlich weichen Teig vermischen. Den Teig gut kneten, zu einer Kugel formen und mit etwas Mehl bestreuen. Zugedeckt ca. 1 Std. gehen lassen.

2 Für die Füllung den Schafskäse mit einer Gabel zerdrücken. Den Knoblauch schälen und dazupressen. Petersilie und Dill waschen, trocken schütteln und die Kräuterblättchen fein hacken. Mit Paprikablättchen unter den Schafskäse mischen (Bild 1).

3 Den Teig noch einmal durchkneten und in 8 gleich große, knapp eigroße Portionen aufteilen, mit etwas Mehl bestreuen. Jede Portion (in der Türkei nimmt man dazu einen langen, dünnen Holzstab, »Okma« genannt) zu einem dünnen, ca. 20 cm großen Fladen ausrollen (Bild 2).

4 Eine große Pfanne auf mittlerer bis starker Stufe erhitzen, hauchdünn mit Öl ausreiben und jeden Fladen auf beiden Seiten jeweils 2–3 Min. braten, bis er braune Flecken hat. Aus der Pfanne nehmen, etwas Füllung daraufgeben und den Fladen aufrollen. Halb in eine Papierserviette wickeln und warm aus der Hand essen.

VARIANTE – MIT SPINATFÜLLUNG

Statt Schafskäse 300 g zarten Spinat verlesen, waschen und kurz abtropfen lassen. 1 Zwiebel und 2 Knoblauchzehen schälen, fein hacken und in Butter andünsten. Den Spinat noch feucht zugeben und bei starker Hitze zugedeckt in 2–3 Min. zusammenfallen lassen. Wenn er zu viel Feuchtigkeit abgegeben hat, in einem Sieb abtropfen lassen, etwas ausdrücken. Mit Salz, Pfeffer und Muskat würzen. Jeweils eine Portion auf einen Fladen geben, mit etwas geriebenem Käse (zum Beispiel Kaskaval) bestreuen und aufrollen.

1

2

3

Asiens Tradition

Was bei uns eine Bar oder ein Kaffeehaus ist, nennt sich in Asien Teehaus. Wer die Zeit hat, sitzt den ganzen Tag hier, unterhält sich und knabbert kleine Leckerbissen. Und trinkt dazu Tee – zum Beispiel indischen Chai mit Milch, der bei Hitze wie bei Kälte schmeckt.

Indischer Ingwer-Gewürztee

1 kleine Zimtstange
1 TL grüne Kardamomkapseln
5 Gewürznelken
½ l kalkarmes oder gefiltertes Wasser
15 g frischer Ingwer
5 TL schwarzer Tee (Assam)
2–3 EL Zucker oder Honig
½ l Milch

Für ca. 1 l Gewürztee | 40 Min. Zubereitung

1 Die Zimtstange zerbröckeln. Kardamomkapseln und Nelken etwas zerdrücken. Die Gewürze in einen Topf streuen und bei mittlerer Hitze unter Rühren leicht anrösten, bis sie duften. Das Wasser aufgießen und erhitzen.

2 Den Ingwer schälen, in dünne Scheiben schneiden und zugeben. Alles zugedeckt bei kleiner Hitze 25 Min. ziehen lassen.

3 Die Teeblätter und Zucker oder Honig zugeben, noch ca. 5 Min. ziehen lassen. Die Milch unterrühren, kurz erhitzen. Den Milchtee durch ein Sieb in große Tassen gießen und servieren.

VARIANTEN

In Nordindien werden noch schwarze Pfefferkörner, Korianderkörner und Fenchelsamen zugegeben, das heizt noch mehr ein. Wenn Sie den Tee abends trinken wollen: statt Schwarztee 4 TL Rotbusch- und 2 TL Süßholzwurzel-Tee nehmen. Für arabischen Gewürztee die Gewürze ohne Schwarztee und Milch in 1 l Wasser mit Zucker 30 Min. kochen, absieben.

teewürziger Snack | dauert

Eier in Teeblättern gekocht

Die marmorierten Eier werden in China als Vorspeise serviert. Wenn Sie den doppelt fermentierten Pu-Erh-Tee nehmen, werden die Eier schön braun und erhalten ein würzig-erdiges Aroma.

6 Eier
4 EL dunkle Sojasauce
2 EL schwarzer Tee (Keemun- oder Pu-Erh-Tee)
1 EL Salz
1 EL Zucker
1 Sternanis
Salatblätter
chinesische Chilisauce

Für 4 Personen | 20 Min. Zubereitung
2 Std. Garen | 3 Std. Marinieren
Pro Portion ca. 130 kcal, 10 g EW, 9 g F, 4 g KH

1 Die Eier in einem Topf mit kaltem Wasser bedecken und langsam aufkochen. 10 Min. sanft kochen lassen, dann kalt abschrecken. Mit einem Löffel die Schalen rundum leicht anklopfen, bis sie gleichmäßig von feinen Rissen bedeckt sind.

2 Die Eier wieder in den Topf legen, ca. 1 l kaltes Wasser aufgießen. Sojasauce, Teeblätter, Salz, Zucker und Sternanis zugeben. Das Wasser aufkochen, dann die Eier zugedeckt bei ganz kleiner Hitze 2 Std. ziehen lassen, dabei ab und zu nachsehen, ob die Eier noch mit Flüssigkeit bedeckt sind, sonst Wasser nachgießen.

3 Die Eier im Teesud abkühlen lassen und ca. 3 Std. (oder über Nacht) darin marinieren. Zum Servieren pellen, halbieren und auf Salatblättern anrichten. Dazu chinesische Chilisauce servieren.

TIPP – WÜRZSAUCE

Den gewürzten Kochsud durch ein Sieb gießen und zum Würzen chinesischer Gerichte verwenden.

rauchig-würzig | aus China

Lapsang-Souchong-Tee

3–4 TL Lapsang Souchong (chinesischer geräucherter Schwarztee)
ca. 1 ½ l kalkarmes oder gefiltertes Wasser

Für ca. 1,5 l Tee | 10 Min. Zubereitung

1 Auf 4 große Teetassen (möglichst mit Deckel) die Teeblätter verteilen. Das Wasser aufkochen, 2 Min. sprudelnd kochen, dann ca. 1 Min auf ca. 95° abkühlen lassen. Die Tassen füllen, das restliche Wasser auf einem Stövchen warm halten.

2 Die Teetassen abdecken und 3–4 Min. warten, bis die Teeblätter auf den Boden der Tasse gesunken sind, dabei nicht umrühren. Dann den Tee langsam trinken, bis die Tassen zu ⅔ geleert sind.

3 Das übrige heiße Wasser über die verbliebenen Teeblätter füllen, wieder warten, bis die Teeblätter nach unten gesunken sind, und den restlichen Tee genießen.

würzig-frisch

Ingwer-Zitronengras-Tee

1 Stängel Zitronengras
25 g frischer Ingwer
1 l kalkarmes oder gefiltertes Wasser
4–5 TL Sencha (japanischer grüner Tee)

Für ca. 1 l Tee | 25 Min. Zubereitung

1 Das Zitronengras waschen, den unteren Teil mit einem Hammer leicht klopfen, bis er weich ist. Diesen Teil in feine Scheiben schneiden. Den Ingwer schälen und in dünne Scheiben schneiden. Ingwer mit Zitronengrasscheiben in eine Kanne füllen.

2 Das Wasser aufkochen und kochend heiß über die Zitronengras-Ingwermischung gießen. Den Aufguss ca. 10 Min. ziehen lassen, bis das Wasser nur noch ca. 75° heiß ist. Dann den Sencha-Tee einrühren und 1–2 Min. ziehen lassen.

3 Eine Teekanne vorwärmen. Den Tee durch ein Sieb in die Teekanne gießen und servieren.

feinherb-würzig

Japanischer Grüntee

In Japan ist die Teezubereitung eine Kunst und das Trinken eine Philosophie. Um die seit Jahrhunderten praktizierte Teezeremonie durchzuführen, bedarf es einer zweijährigen Ausbildung.

4 TL japanischer grüner Tee
(Bancha oder Sencha)
1 l kalkarmes oder gefiltertes Wasser

Für ca. 1 l Tee | 10 Min. Zubereitung

1 Eine möglichst schwere Kanne vorwärmen. Die Teeblätter einfüllen. Das Wasser aufkochen, kurz sprudelnd kochen lassen, dann 10–15 Min. auf 65–70° abkühlen lassen. Über die Teeblätter gießen, 1–2 Min. ziehen lassen. Wenn die Teeblätter auf den Boden der Kanne gesunken sind, den Tee in Teetassen verteilen.

2 Die Teeblätter in der Kanne mit dem restlichen Wasser aufgießen, nun ca. 5 Min. ziehen lassen, dann wieder die Tassen füllen.

TIPP – MILDER TEE

Der großblättrige Bancha-Tee wird in Japan gern zum Essen getrunken, da er eher sanft und koffeinarm ist. Sencha ist meist kräftiger mit ausgeprägtem, intensivem Geschmack. Wenn Ihnen das Aroma dieser Grüntees zu intensiv ist: den ersten Aufguss einfach weggießen, erst den zweiten trinken. Die Teeblätter können danach noch einmal aufgegossen werden, müssen nur etwas länger ziehen.

INFO – JAPANISCHE TEEZEREMONIE

Das Aufbrühen von »Matcha«, dem grünen Teepulver nach den Regeln des japanischen »Chadô«, übersetzt »Teeweg«, ist eine bedächtige und komplizierte Handlung, bei der es vor allem darum geht, innere Ruhe und Gelassenheit zu erlangen. Bei der traditionellen Zubereitung wird ein wenig Matchapulver mit einem Bambuslöffel in eine Schale gegeben. Heißes, nicht mehr kochendes Wasser wird aufgegossen und die Mischung mit einem Bambusbesen zu einem dickflüssigen, schaumigen und leuchtend grünen Tee aufgeschlagen. Die Schale wird von Gast zu Gast weitergereicht und jeder trinkt andächtig einen Schluck von diesem zartbitteren Tee.

UND DAZU: BATATENBÄLLCHEN

Für 4 Personen 500 g rote Bataten (Süßkartoffeln) waschen und wie Pellkartoffeln in der Schale in Salzwasser 20–25 Min. kochen, dann abgießen, gut ausdampfen und etwas abkühlen lassen, dann durch eine Kartoffelpresse drücken. 2 EL japanischen Grüntee mit 50 g Zucker im Mörser zu feinem Pulver zerreiben. Mit 1 EL Reiswein (Mirin) und 100 g fein gemahlenen Mandeln verrühren und unter das Batatenpüree mischen. Abgedeckt ganz auskühlen lassen. Die Hände mit etwas Sesam-Würzöl (aus gerösteten Sesamsamen gepresstes Öl, gibt es im Asienregal gut sortierter Supermärkte) einreiben, mit einem Teelöffel eine etwa walnussgroße Menge Batatenpüree abstechen und mit den Händen zu einer Kugel rollen. Auf kleinen Tellerchen anrichten und zu grünem Tee servieren.

oben: Japanischer Grüntee | unten: Batatenbällchen

aromatisch-würzig

Taiwanesischer Würztee

1 Kaffirlimette, ersatzweise grüne Limette
1 Stängel Zitronengras
3 cm frische Galgantwurzel (Asienladen), ersatzweise getrocknete
2 Kaffirlimettenblätter
1 l kalkarmes oder gefiltertes Wasser
8 TL Oolong-Tee (halbfermentierter Tee aus Taiwan)
6 TL Palmzucker, ersatzweise brauner Rohrzucker

Für ca. 1 l Würztee | 25 Min. Zubereitung

1 Die Limette heiß waschen und die Schale mit einem scharfen Messer hauchdünn abschneiden. Das Zitronengras waschen und angetrocknete Hüllblätter entfernen, den unteren Stängelabschnitt leicht klopfen und in Stücke schneiden. Die Galgantwurzel schälen und in dünne Scheiben schneiden. Die Kaffirlimettenblätter waschen und in feine Streifen schneiden. Alles in eine Kanne füllen. Das Wasser aufkochen, 1 Min. sprudelnd kochen lassen, dann über die Gewürze gießen. Die Kanne auf ein Stövchen stellen und den Gewürzsud zugedeckt 10 Min. ziehen lassen, bis das Wasser auf ca. 70° abgekühlt ist.

2 Die Oolong-Teeblätter einrühren und den Tee noch 2–3 Min. ziehen lassen. Den Aufguss durch ein Sieb in eine vorgewärmte Kanne gießen, mit Palmzucker süßen und in Teegläser verteilen.

geht schnell | aus China

Gebackene Bananen

1 EL Sesamsamen
2 Eiweiße
2 EL Speisestärke
4 feste Bananen
75 g heller Honig
2 EL Zitronensaft
Mehl zum Wenden
Erdnussöl zum Ausbacken

Für 4 Personen | 30 Min. Zubereitung
Pro Portion ca. 250 kcal, 4 g EW, 4 g F, 50 g KH

1 Den Sesamsamen in einer kleinen Pfanne ohne Fett leicht anrösten, vom Herd nehmen und beiseitestellen. Die Eiweiße in einer Schüssel mit der Stärke verrühren. Die Bananen schälen, längs und quer halbieren. Den Honig mit dem Zitronensaft und 2–3 EL Wasser erwärmen (nicht kochen lassen!).

2 In einer tiefen Pfanne oder im Wok ca. 3 cm hoch Öl erhitzen, bis an einem eingetauchten Holzstäbchen Bläschen aufsteigen. Die Bananenstücke erst in Mehl wenden, dann durch den Ausbackteig ziehen und portionsweise im heißen Öl in 3–4 Min. rundum hellbraun backen.

3 Fertig gebackene Bananenstücke herausheben, abtropfen lassen. Mit der Honigsauce übergießen und mit Sesam bestreut heiß servieren. Dazu passt Lapsang-Souchong-Tee.

oben: Taiwanesischer Würztee | unten: Gebackene Bananen

pikanter Knusperspaß

Vietnamesische Glücksröllchen

Glücksrollen werden in Vietnam die gefüllten und frittierten Teigröllchen genannt, die in China »Frühlingsrollen« heißen und tatsächlich nur im Frühjahr gegessen werden.

16 runde Reisteigblätter (Asienregal)
50 g Glasnudeln
3 Frühlingszwiebeln
100 g Flusskrebsschwänze (Kühlregal)
4 Zweige Koriandergrün, ersatzweise Petersilie
100 g Hackfleisch
5 EL Fischsauce | Salz
3 kleine rote Chilischoten
2 Knoblauchzehen
1 TL brauner Rohrzucker
3 EL Zitronensaft
1 EL milder Essig
Öl zum Frittieren

Für 4 Personen | 1 Std. Zubereitung
Pro Portion ca. 170 kcal, 11 g EW, 9 g F, 12 g KH

1 Die Reisteigblätter nebeneinander auf ein feuchtes Tuch legen, mit einer Sprühflasche leicht mit Wasser besprühen und mit einem feuchten Tuch abdecken. 15 Min. ruhen lassen.

2 Die Glasnudeln in einem Sieb in eine Schüssel mit heißem Wasser hängen, 10 Min. einweichen lassen. Die Frühlingszwiebeln waschen, putzen und den hellen Teil fein hacken, in eine Schüssel füllen.

3 Die Nudeln aus dem Wasser heben, gut abtropfen lassen und mit einer Schere klein schneiden. Das Krebsfleisch klein schneiden, mit den Nudeln in die Schüssel geben. Koriandergrün waschen, trocken schütteln und fein hacken. Mit Hackfleisch und 1 EL Fischsauce zu den vorbereiteten Zutaten geben, alles gut vermischen, eventuell mit Salz abschmecken.

4 Die Reisteigblätter einzeln mit jeweils 1 EL Hackmischung füllen, aufrollen und dabei die Seiten einschlagen. Das obere Ende mit Wasser befeuchten und fest andrücken. Die Röllchen leicht antrocknen lassen.

5 Für den Dip die Chilis waschen, putzen und in kleine Würfel schneiden. Den Knoblauch schälen und in Stücke schneiden. Beides mit Zucker in einem Mörser zerstampfen. Das Püree mit Zitronensaft, Essig, übrigen 4 EL Fischsauce und 3 EL Wasser verrühren. Die Dipsauce in kleine Schälchen füllen.

6 Reichlich Öl auf ca. 170° (oder bis an einem eingetauchten Holzlöffelstiel Bläschen aufsteigen) erhitzen. Die Glücksröllchen portionsweise in jeweils ca. 4 Min. rundum goldgelb frittieren. Fertige Röllchen herausheben, abtropfen lassen und auf Küchenpapier entfetten. Gleich heiß mit dem scharfen Dip servieren.

UNS DAZU?

Servieren Sie einen **vietnamesischen Tee** (der dem Ceylon-Tee sehr ähnlich ist): 8 TL Teeblätter mit 1 l siedendem Wasser übergießen, 4 Min. ziehen lassen, dann durch ein Sieb in Tassen verteilen.

pikant | braucht Zeit

Gefüllte Brötchen

Die gedämpften Brötchen werden in Nordchina als Zwischendurch-Imbiss zum Tee gegessen, ungefüllt auch als Beilage zu Gerichten mit würzigen Saucen.

500 g Mehl
½ Päckchen Hefe
1½ EL Zucker | Salz
200 g mageres Schweinefleisch
(z. B. Schweineschnitzel)
150 g Chinakohl
1 Frühlingszwiebel
1 frische rote Chilischote
1 EL helle chinesische Sojasauce
1 TL Sesam-Würzöl (Asienladen)
Mehl zum Arbeiten
etwas Öl | Dämpfkörbchen

Für 15 Brötchen | 55 Min. Zubereitung
4 Std. Ruhen
Pro Brötchen ca. 130 kcal, 7 g EW, 1 g F, 25 g KH

1 Für die Brötchen das Mehl in eine Schüssel füllen und eine Mulde eindrücken. Die Hefe mit ca. 275 ml lauwarmem Wasser verrühren, 1 EL Zucker und eine kleine Prise Salz zugeben. Die Hefemischung kurz ruhen lassen, bis sie Blasen wirft, dann in die Mehlmulde gießen und alles zu einem geschmeidigen, glatten Teig vermischen, gut durchkneten.

2 Den Teig mit etwas Mehl bestreuen und zugedeckt ca. 2 Std. warm gehen lassen, bis er doppelt so dick geworden ist. Den Teig noch einmal durchkneten und erneut zugedeckt 2 Std. gehen lassen.

3 Für die Füllung das Schweinefleisch erst in feine Streifen, diese dann in winzige Würfel schneiden. Den Chinakohl und die Frühlingszwiebel putzen, waschen und ganz fein hacken. Die Chili waschen, putzen und aufschlitzen, die Kerne entfernen und die Schote fein hacken. Die vorbereiteten Zutaten mit Sojasauce, restlichem Zucker und dem Sesam-Würzöl vermischen, mit Salz abschmecken.

4 Den Teig zu ca. 5 cm dicken Rollen formen, diese in fingerdicke Scheiben schneiden und auf wenig Mehl zu ca. 8 cm Ø großen Kreisen ausrollen. Jeweils etwas Füllung in die Mitte jeden Kreises geben und die Ränder nach oben anheben, fest zusammendrücken (Bild 1).

5 Ein Dämpfkörbchen leicht ölen, die Brötchen mit etwas Abstand hineinsetzen und über sanft kochendem Wasser 20–25 Min. dämpfen (Bild 2). Warm servieren.

VARIANTE – MIT SÜSSER FÜLLUNG

Den Teig und die Teigkreise genauso vorbereiten, aber jeweils 1 TL süße rote Bohnenpaste (aus dem Asienladen) und etwas gerösteten Sesamsamen in die Mitte geben. Brötchen verschließen und ebenfalls 20–25 Min. im Dampf garen.

1

2

3

Zum Gebrauch
Damit Sie Rezepte mit bestimmten Zutaten noch schneller finden können, stehen in diesem Register zusätzlich auch beliebte Zutaten wie **Grüner Tee** oder **Minze** – ebenfalls alphabetisch geordnet und **hervorgehoben** – über den entsprechenden Rezepten.

Unsere Garantie

Alle Informationen in diesem Ratgeber sind sorgfältig und gewissenhaft geprüft. Sollte dennoch einmal ein Fehler enthalten sein, schicken Sie uns das Buch mit dem entsprechenden Hinweis an unseren Leserservice zurück. Wir tauschen Ihnen den GU-Ratgeber gegen einen anderen zum gleichen oder ähnlichen Thema um.

Liebe Leserin und lieber Leser,

wir freuen uns, dass Sie sich für ein GU-Buch entschieden haben. Mit Ihrem Kauf setzen Sie auf die Qualität, Kompetenz und Aktualität unserer Ratgeber. Dafür sagen wir Danke! Wir wollen als führender Ratgeberverlag noch besser werden. Daher ist uns Ihre Meinung wichtig. Bitte senden Sie uns Ihre Anregungen, Ihre Kritik oder Ihr Lob zu unseren Büchern. Haben Sie Fragen oder benötigen Sie weiteren Rat zum Thema? Wir freuen uns auf Ihre Nachricht!

Wir sind für Sie da!
Montag–Donnerstag: 8.00–18.00 Uhr;
Freitag: 8.00–16.00 Uhr
Tel.: 0180-5 00 50 54*
Fax: 0180-5 01 20 54*
*(0,14 €/Min. aus dem dt. Festnetz/ Mobilfunkpreise können abweichen.)
E-Mail:
leserservice@graefe-und-unzer.de

P.S.: Wollen Sie noch mehr Aktuelles von GU wissen, dann abonnieren Sie doch unseren kostenlosen GU-Online-Newsletter und/oder unsere kostenlosen Kundenmagazine.

GRÄFE UND UNZER VERLAG
Leserservice
Postfach 86 03 13
81630 München

Programmleitung: Doris Birk
Leitende Redakteurin: Birgit Rademacker
Redaktion: Susanne Lang
Lektorat: Lars Grunewald
Layout, Typografie und Umschlaggestaltung: independent Medien-Design, München
Satz: Liebl Satz+Grafik, Emmering
Herstellung: Claudia Labahn
Reproduktion: Repro Ludwig, Zell am See
Druck: Firmengruppe APPL, aprinta druck, Wemding
Bindung: Firmengruppe APPL, sellier druck, Freising

ISBN 978-3-8338-0995-8

1. Auflage 2008

Der Autor

Reinhardt Hess studierte nicht nur Geografie, sondern auch die drogistische Fachliteratur seines Vaters und kam damit der heilkräftigen Wirkung der Kräuter und den belebenden Eigenschaften des Tees auf die Spur. Über 50 Titel sind von und mit ihm bereits erschienen, sieben davon wurden von der Gastronomischen Akademie Deutschlands mit Medaillen ausgezeichnet.

Der Fotograf

Wolfgang Schardt kann seine Liebe für Essen und Trinken beruflich ausleben: In seinem Studio in Hamburg fotografiert er vor allem Food, Stills und Interieur für Magazine wie FEINSCHMECKER, für Verlage und Werbung. Unterstützt wurde er von Miriam Geyer und Anne-Katrin Weber, die für die Requisite bzw. das Foodstyling verantwortlich waren.

Bildnachweis

Titelfoto: Jörn Rynio, Hamburg; Seite 6: Jürg Waldmeier, München; alle anderen: Wolfgang Schardt, Hamburg

Titelbildrezepte

links: Indischer Ingwer-Gewürztee (Seite 49); Mitte: Marokkanischer Minztee (Seite 38); rechts: Tee auf friesische Art (Seite 9)

GRÄFE UND UNZER

Ein Unternehmen der
GANSKE VERLAGSGRUPPE

Kochlust pur

Preis je Band: 7,50 €

Die neuen KüchenRatgeber – da steckt mehr drin

ISBN 978-3-8338-0310-9
64 Seiten

ISBN 978-3-8338-0312-3
64 Seiten

ISBN 978-3-8338-0680-3
64 Seiten

ISBN 978-3-8338-0317-8
64 Seiten

ISBN 978-3-8338-0305-5
64 Seiten

ISBN 978-3-8338-0316-1
64 Seiten

Änderungen und Irrtum vorbehalten

Das macht sie so besonders:

- Neue mmmh-Rezepte – unsere beste Auswahl für Sie
- Praktische Klappen – alle Infos auf einen Blick
- Die 10 GU-Erfolgstipps – so gelingt es garantiert

GU
Willkommen im Leben.

küchengötter.de
powered by GU

Einfach göttlich kochen und himmlisch speisen?
Die passenden Rezepte, Küchentipps und -tricks
in Wort und Film finden Sie ganz einfach unter:
www.küchengötter.de

Die wichtigsten Teesorten

Wo kommen sie her? Und wie werden sie am besten zubereitet? Wie unterscheidet sich ein Oolong von einem Darjeeling? Hier finden Sie es.

Assam und **Darjeeling** sind nach den Regionen benannt, in denen sie wachsen: Assam im Nordosten Indiens erzeugt kräftige und würzige Schwarztees, die sich auch mit etwas kalkreicherem Wasser vertragen. Darjeeling im Norden Indiens liefert besonders edle und feine schwarze Teesorten, die besten schmecken feinblumig, süß und weich. Zubereitung: jeweils 7–8 TL Teeblätter pro Liter Wasser von 95°, Assam: 3–5 Min. Ziehzeit, Darjeeling: 2–4 Min. Ziehzeit.

Ceylon heißt heute Sri Lanka, der schwarze Tee hat aber den alten Namen der Insel behalten. Tees aus dem Hochland sind aromatisch-duftig mit leicht malziger Note und gelbbraunem Aufguss; Sorten aus tiefer gelegenen Gebieten sind würziger, kräftiger und von dunklerer Farbe. Ceylontees werden beim Abkühlen nicht trübe, sind daher gut für Eistee geeignet. Zubereitung: 6–7 TL Teeblätter pro Liter Wasser von 95°, 3–5 Min. Ziehzeit.

Grüner Tee wird vor allem in China und in Japan hergestellt und getrunken. Für diese Sorte werden die Blätter ohne Fermentation rasch getrocknet. Der Geschmack ist je nach Sorte aromatisch-erdig, manchmal etwas grasig, der Aufguss zart bis kräftig grün. Für Einsteiger sind die Sorten »Sencha« (China) und »Bancha« (Japan) geeignet. Zubereitung: 3–5 TL Teeblätter pro Liter Wasser von 60°, ½–1 Min. Ziehzeit.